CB018813

Este diário pertence a

....

Data

....

Reveste-se de força e dignidade;

sorri diante do futuro.

Provérbios 31.25

Não precisamos ser perfeitas... Somos chamadas simplesmente para ser reais, confiando na perfeição de Deus para cobrir as nossas imperfeições, sabendo que um dia, finalmente, seremos tudo aquilo para que Cristo nos salvou.

Gigi Graham Tchividjian

Ele é o Deus que me reveste de força e torna perfeito o meu caminho.

Salmos 18.32

Pare de olhar para trás, o seu futuro não está lá. Pare de tentar guardar e proteger o seu presente. O seu futuro não está nele. Olhe para FRENTE e siga adiante! Concentre-se em seu futuro!

Sandi Krakowski

*V*ocê é uma linda mulher de Deus, preciosa para ele de todas as formas. Quando buscar ao Senhor, ele aumentará as suas forças, permitindo que você descanse em seu amor sem fim. Deixe que a presença de Deus afaste qualquer fraqueza e a guie em meio a todas as circunstâncias e decisões que você tiver de enfrentar. Use este diário para registrar a sua jornada, expressar os seus pensamentos, derramar as suas orações e, em troca, ouça os sussurros de amor e incentivo vindos de Deus.

Seja forte no Senhor e permita que o amor infalível de Cristo guie o seu coração em direção a um futuro sem medos.

Escolha fazer valer todos os dias. Seja uma mulher de ação.
Trate cada dia como um dia precioso.

Emilie Barnes

Eu não desejo ter mais tempo; desejo apenas ter tempo suficiente. Tempo para respirar fundo e enxergar com clareza; tempo para rir e tempo para glorificar o Senhor; tempo para descansar profundamente e para cantar alegrias.

Ann Voskamp

Mas eu confio em ti, SENHOR, e digo: "Tu és o meu Deus". O meu futuro está nas tuas mãos.

Salmos 31.14-15

Tu me farás conhecer a vereda da vida, a alegria plena da tua presença, eterno prazer à tua direita.

Salmos 16.11

O bom humor e o riso são bons demais para não terem vindo diretamente do coração de Deus.

Beth Moore

Fui feita para mais do que ficar presa em um ciclo vicioso de derrotas. Não fui criada para ser uma vítima das minhas escolhas ruins. Fui feita para ser uma vitoriosa filha de Deus.

Lysa TerKeurst

Com Deus conquistaremos a vitória.

Salmos 60.12

Deleite-se no SENHOR, e ele atenderá aos desejos do seu coração.

Salmos 37.4

Deus brilha intensamente por intermédio da alma que está totalmente entregue a ele. Satisfeita nele. Que confia nele. Que se alegra nele.

Angela Thomas

A coragem não é um sentimento pelo qual devemos esperar. Coragem é fazer algo quando não se tem coragem de fazê-lo. Coragem é agir mesmo quando se tem medo.

Jill Briscoe

Por isso não tema, pois estou com você; não tenha medo, pois sou o seu Deus. Eu o fortalecerei e o ajudarei; eu o segurarei com a minha mão direita vitoriosa.

Isaías 41.10

"Não por força nem por violência, mas pelo meu Espírito",
diz o SENHOR dos Exércitos.

Zacarias 4.6

Nada no mundo inteiro é mais divertido e satisfatório do que estar sob os cuidados de um Deus onisciente e misericordioso, que sabe exatamente como a nossa vida, espantosamente abençoada, poderá fazer mais diferença.

Jennie Allen

Tudo o que fizerem, façam de todo o coração.

Colossenses 3.23

Quando eu estiver diante de Deus, no fim de minha vida, espero não ter nenhuma sobra de qualquer talento, para que eu possa dizer: "Usei tudo o que o Senhor me deu."

Erma Bombeck

Existe uma beleza na sabedoria e na experiência que não pode ser fingida. É impossível ser maduro sem ter vivido.

Amy Grant

Portanto, assim como vocês receberam Cristo Jesus, o Senhor, continuem a viver nele, enraizados e edificados nele, firmados na fé, como foram ensinados, transbordando de gratidão.

Colossenses 2.6-7

Deus derramou seu amor em nossos corações, por meio do Espírito Santo que ele nos concedeu.

Romanos 5.5

Quando temos em mente a maravilhosa graça que foi derramada sobre nós, o nosso coração é incentivado a compartilhar da graça de Deus com os outros. Mulheres radiantes, nós somos as mensageiras de Deus, embaixadoras e proclamadoras a quem o Senhor confiou a mensagem de boas-novas da salvação.

Marian Jordan

Cristo nunca estava com pressa. Não havia correria, ansiedade ou preocupação com o que aconteceria. As obrigações de cada dia eram cumpridas de acordo com suas circunstâncias, e o resto ficava nas mãos de Deus.

Mary Slessor

Que o Deus da esperança os encha de toda alegria e paz, por sua confiança nele, para que vocês transbordem de esperança, pelo poder do Espírito Santo.

Romanos 15.13

Coragem não se trata de conhecer o caminho.
Trata-se de dar o primeiro passo.

Katie J. Davis

Os nossos dias estão nas mãos de Deus. Ele é mais do que capaz de satisfazer as nossas necessidades; e o Salvador está conosco durante todos os momentos.

Elizabeth George

....

....

....

....

....

....

....

....

....

....

....

....

....

....

....

....

....

O meu futuro está nas tuas mãos; livra-me dos meus inimigos e daqueles que me perseguem.

Salmos 31.15

Deus não muda, ele, no entanto, usa a mudança – para nos mudar.
Ele nos coloca em situações que nos deixam perdidas.
Contudo, se abraçarmos a sua direção, poderemos
nos encontrar na jornada de nossa vida.

Jen Hatmaker

Sorria... Isso mata o tempo entre os desastres.

Barbara Johnson

O coração bem disposto está sempre em festa.

Provérbios 15.15

Com o teu auxílio posso atacar uma tropa;
com o meu Deus posso transpor muralhas.

Salmos 18.29

Aqueles que esperam no SENHOR renovam as suas forças. Voam bem alto como águias; correm e não ficam exaustos, andam e não se cansam.

Isaías 40.31

O SENHOR é a minha força e o meu escudo; nele o meu coração confia, e dele recebo ajuda. Meu coração exulta de alegria, e com o meu cântico lhe darei graças.

Salmos 28.7

A maior honra que podemos dar ao Deus Todo-poderoso
é vivermos felizes por causa do seu grande amor.

Juliano de Norwich

Nunca seja passiva. As vitórias acontecem quando participamos de um jogo. Não se pode ganhar quando se joga para não perder.

Karen Kingsbury

Torna os meus pés ágeis como os da corça, sustenta-me firme nas alturas. Ele treina as minhas mãos para a batalha e os meus braços para vergar um arco de bronze.

Salmos 18.33-34

*O SENHOR Deus é sol e escudo; o SENHOR concede favor e honra;
não recusa nenhum bem aos que vivem com integridade.*

Salmos 84.11

Mantenha o seu rosto voltado para o sol e você jamais verá as sombras.

Helen Keller

Porque és a minha ajuda, canto de alegria à sombra das tuas asas.
A minha alma apega-se a ti; a tua mão direita me sustém.

Salmos 63.7-8

E não nos cansemos de fazer o bem, pois no tempo próprio colheremos, se não desanimarmos. Portanto, enquanto temos oportunidade, façamos o bem a todos, especialmente aos da família da fé.

Gálatas 6.9-10

Do ponto de vista de Jesus Cristo, o sucesso não é medido pela quantidade de coisas que fazemos, de quanto ganhamos ou de quanto temos, mas sim pela qualidade do nosso amor e do tipo de pessoas que estamos nos tornando em meio às atividades da vida.

Leslie Vernick

Aquilo que alguém precisa fazer, geralmente pode ser feito.

Eleanor Roosevelt

Tudo posso naquele que me fortalece.

Filipenses 4.13

Oro para que, com as suas gloriosas riquezas, ele os fortaleça no íntimo do seu ser com poder, por meio do seu Espírito, para que Cristo habite em seus corações mediante a fé; e oro para que vocês, arraigados e alicerçados em amor, possam, juntamente com todos os santos, compreender a largura, o comprimento, a altura e a profundidade, e conhecer o amor de Cristo que excede todo conhecimento.

Efésios 3,16-19

A tristeza é contagiante. Mas o lado bom é que o seu oposto também é – o amor. Ele até se multiplica. Quanto mais vejo o amor, mais eu acredito em seu poder.

Chrissy Kelly

Mas eu cantarei louvores à tua força; de manhã louvarei a tua fidelidade; pois tu és o meu alto refúgio, abrigo seguro nos tempos difíceis. Ó minha força, canto louvores a ti; tu és, ó Deus, o meu alto refúgio, o Deus que me ama.

Salmos 59.16-17

Uma vida que se doa é uma vida que vale a pena ser vivida. Nós devemos doar de todo o coração.

Annie Dillard

Força, descanso, orientação, graça, auxílio, compaixão, amor – tudo isso de Deus para nós! Que lista de bênçãos!

Evelyn Stenbock

Quero cantar ao SENHOR pelo bem que me tem feito.

Salmos 13.6

Mas ele me disse: "Minha graça é suficiente para você, pois o meu poder se aperfeiçoa na fraqueza." Portanto, eu me gloriarei ainda mais alegremente em minhas fraquezas, para que o poder de Cristo repouse em mim.

2Coríntios 12.9

Mas agora assim diz o SENHOR (...) "Quando você atravessar as águas, eu estarei com você; e, quando você atravessar os rios, eles não o encobrirão. Quando você andar através do fogo, você não se queimará; as chamas não o deixarão em brasas."

Isaías 43.1-2

Tu, SENHOR, ouves a súplica dos necessitados;
tu os reanimas e atendes ao seu clamor.

Salmos 10.17

A palavra conforto vem de duas palavras latinas, que significam "junto" e "forte" – O Senhor está conosco para nos fortalecer. O conforto não é suave, fraco ou debilitado; trata-se de um amor forte e verdadeiro.

Amy Carmichael

Todos nós sabemos que temos a obrigação de cuidar dos velhos, dos jovens e dos doentes. Nós ficamos mais fortes quando defendemos os mais fracos.

Sarah Palin

É melhor ter companhia do que estar sozinho, porque maior é a recompensa do trabalho de duas pessoas. Se um cair, o amigo pode ajudá-lo a levantar-se.

Eclesiastes 4.9-10

Tu me dás o teu escudo de vitória; tua mão direita me sustém.

Salmos 18.35

Quando uma mulher se sente verdadeiramente amada, ela tem confiança em si mesma, tem um coração mais generoso em relação às outras pessoas e a sua fé aumenta por causa da profunda aceitação que ela recebeu de seu Criador.

Sally Clarkson

Deus deseja abençoar – isto é, dar força espiritual e saúde – àqueles que o buscam. Ele abençoa espiritualmente e concede vitórias, não porque aquele que o busca é mais santo que os outros, mas sim para tornar conhecidos o seu grande poder redentor e a sua santa beleza.

Teresa de Ávila

Não tenham medo. Fiquem firmes e vejam o livramento que o SENHOR lhes trará hoje (...) O SENHOR lutará por vocês; tão somente acalmem-se.

Êxodo 14.13-14

Em meio à adversidade, existe uma firme certeza no espírito humano de que há um Deus no alto, que pode não mover montanhas, mas que concederá forças para as escalarmos.

Geneva Smitherman

Devemos fazer aquilo que Deus nos chama para fazer, cumprir aquilo que ele nos dá para cumprir, reconhecendo que a nossa força vem dele, e não de nós mesmas.

Edith Schaeffer

O SENHOR é a minha força e a minha canção; ele é a minha salvação!
Ele é o meu Deus e eu o louvarei, é o Deus de meu pai, e eu o exaltarei!

Êxodo 15.2

_____

_____

_____

_____

_____

_____

_____

_____

_____

_____

_____

_____

_____

Oro para que, com as suas gloriosas riquezas, ele os fortaleça no íntimo do seu ser com poder, por meio do seu Espírito, para que Cristo habite em seus corações mediante a fé; e oro para que vocês, arraigados e alicerçados em amor, possam, juntamente com todos os santos, compreender a largura, o comprimento, a altura e a profundidade, e conhecer o amor de Cristo que excede todo conhecimento, para que vocês sejam cheios de toda a plenitude de Deus.

EFÉSIOS 3.16-19

A verdade é que nós tentamos enfrentar as dificuldades e tentações da vida com as nossas próprias forças, e isso simplesmente não funciona. Há coisas que não somos capazes de resolver sozinhas. Precisamos nos conectar à nossa fonte de vida, à Vinha, ao nosso Senhor, diariamente, a fim de recebermos o alimento espiritual de que tanto necessitamos.

Debby Mayne

Mas, quanto a você, ele encherá de riso a sua boca e de brados de alegria os seus lábios.

Alegrem-se no SENHOR e exultem, vocês que são justos! Cantem de alegria, todos vocês que são retos de coração!

Salmos 32.11

Pois Deus não nos deu espírito de covardia, mas de poder, de amor e de equilíbrio.

2Timóteo 1.7

*Mas tu, SENHOR, és o escudo que me protege; és a minha glória e me
fazes andar de cabeça erguida.*

Salmos 3.3

As dificuldades são inevitáveis. O drama é opcional.

Anita Renfroe

O homem sábio é poderoso, e quem tem conhecimento aumenta a sua força.

Provérbios 24.5

Fazer a coisa certa nos torna mais confiantes, nos faz dançar com mais frequência e nos faz encarar a vida com mais segurança.

Patsy Clairmont

Você é mais do que vencedora, você é linda por dentro e por fora, e o Senhor, Deus Todo-poderoso, tem um futuro maravilhoso reservado para a sua vida, porque você é a princesa de Deus agora e para sempre!

CeCe Winans

Assim, quer vocês comam, bebam ou façam qualquer outra coisa, façam tudo para a glória de Deus.

1Coríntios 10.31

Uma manhã tranquila na presença do Deus de amor coloca os acontecimentos do dia que chega na perspectiva correta.

Janette Oke

Tendo os olhos fitos em Jesus, autor e consumador da nossa fé. Ele, pela alegria que lhe fora proposta, suportou a cruz, desprezando a vergonha, e assentou-se à direita do trono de Deus.

Hebreus 12.2

Aqueles que são sábios reluzirão como o brilho do céu.

Daniel 12.3

Abandone uma vida pacata, deixe de lado o costume de viver pelas coisas que se podem ver, os planos pequenos, as orações casuais e as ofertas limitadas – Deus nos escolheu para coisas grandes.

Anne Graham Lotz

Lancem sobre ele toda a sua ansiedade, porque ele tem cuidado de vocês.

1Pedro 5.7

Graças ao grande amor do SENHOR é que não somos consumidos, pois as suas misericórdias são inesgotáveis. Renovam-se cada manhã; grande é a sua fidelidade!

Lamentações 3.22-23

Você e eu podemos buscar a Deus quando nos sentimos muito cansadas, preguiçosas, desanimadas, doentes ou quando nos enchemos de pena de nós mesmas. Na verdade, é durante momentos como esses que precisamos buscar a Deus e nos encher da sua fidelidade.

Elizabeth George

Uma mulher cristã não deve se contentar com a mediocridade.
Ela deve tentar alcançar as estrelas. Por que não?
Ela não está mais sozinha. Ela tem a ajuda de Deus.

Catherine Marshall

*Deus é a minha salvação; terei confiança e não temerei. O SENHOR, sim,
o SENHOR é a minha força e o meu cântico; ele é a minha salvação!*

Isaías 12.2

*Bendito seja o SENHOR, Deus, nosso Salvador,
que cada dia suporta as nossas cargas.*

Salmos 68.19

Lute contra o desejo de fazer muitas coisas ao mesmo tempo.
Concentre-se naquilo que importa hoje.

Priscilla Shirer

Fomos criadas para a liberdade! Fomos projetadas para cumprir o nosso destino em parceria com Deus – para viver todos os dias e todos os anos com sonhos maiores. Nós, realmente, podemos mudar o mundo!

Beni Johnson e Sheri Silk

Assim brilhe a luz de vocês diante dos homens, para que vejam as suas boas obras e glorifiquem ao Pai de vocês, que está nos céus.

Mateus 5.16

Como são felizes os que em ti encontram sua força, e os que são peregrinos de coração! Ao passarem pelo vale de Baca, fazem dele um lugar de fontes; as chuvas de outono também o enchem de cisternas. Prosseguem o caminho de força em força, até que cada um se apresente a Deus em Sião.

Salmos 84.5-7

As mulheres mais lindas que já vi são aquelas que trocaram uma vida focada em si mesma por uma vida focada em Cristo. Elas são confiantes, mas não nelas próprias. Em vez de autoconfiança, elas são radiantes em sua confiança em Jesus Cristo.

Leslie Ludy

Cada experiência que Deus nos dá, cada pessoa que coloca em nossa vida são a preparação perfeita para o futuro que só ele pode ver.

Corrie ten Boom

Sorrir alivia as nossas cargas e eleva o nosso coração a lugares celestiais. O nosso sorriso sobe aos céus e se mistura às melodias angelicais de louvor.

Sarah Young

Fala com sabedoria e ensina com amor.
Provérbios 31.26

Pequenos atos de bondade e pequenas palavras de amor ajudam a transformar a terra em um pequeno pedaço do céu.

Julia Fletcher Carney

O caráter não pode ser desenvolvido em meio à calmaria e tranquilidade. É somente por meio das experiências de dificuldades e sofrimento que a alma pode ser fortalecida, a ambição pode ser inspirada e o sucesso, alcançado.

Helen Keller

Assim como o ferro afia o ferro, o homem afia o seu companheiro.

Provérbios 27.17

Não precisamos umas das outras apenas para compartilhar a alegria da amizade, do amor e da diversão, mas também precisamos umas das outras para nos manter afiadas.

Trish Perry

Precisamos aprender, dia após dia, a ampliar os nossos horizontes. Quanto mais coisas nós amarmos, mais interessadas seremos, mais desfrutaremos, mais nos indignaremos e mais teremos de sobra se algo acontecer.

Ethel Barrymore

Descobri também que poder comer, beber e ser recompensado pelo seu trabalho é um presente de Deus.

Eclesiastes 3.13

Alegrem-se, porém, os justos! Exultem diante de Deus!
Regozijem-se com grande alegria!

Salmos 68.3

A vida é curta demais para ser qualquer outra coisa além de verdadeira, com todo o elenco de personagens que Deus colocou na história de nossa vida. Ame muito, ria frequentemente e encontre a sua vida em Cristo..

Karen Kingsbury

O maior desejo de Deus é o de revelar-se a nós e, para fazer isso, ele nos concede graça abundante. O Senhor nos oferece a experiência de desfrutarmos da sua presença. Ele nos envolve, e isso é tão maravilhoso que, mais do que nunca, somos atraídas a ele.

Madame Jeanne Guyon

Todos recebemos da sua plenitude, graça sobre graça.

João 1.16

Pois o SENHOR será a sua segurança e o impedirá de cair em armadilha.

Provérbios 3.26

A confiança não está baseada em pensamentos positivos, mas na certeza de que Deus está no controle. Não existe nada escondido por trás das promessas de Deus com o intuito de impedir que elas sejam completamente cumpridas.

Hannah Whitall Smith

Sabemos que Deus nos concede toda graça, toda graça abundante; e, embora sejamos fracas demais, essa graça é capaz de nos sustentar em meio a qualquer obstáculo e dificuldade.

Elizabeth Ann Seton

....

....

....

....

....

....

....

....

....

....

....

....

....

....

....

....

....

Assim sendo, aproximemo-nos do trono da graça com toda a confiança, a fim de recebermos misericórdia e encontrarmos graça que nos ajude no momento da necessidade.

Hebreus 4.16

Satisfaze-nos pela manhã com o teu amor leal,
e todos os nossos dias cantaremos felizes.

Salmos 90.14

Dedicar tempo para estar na presença de Deus é o segredo para a força e o sucesso em qualquer área de nossa vida. Devemos nos certificar de que não estamos tentando encaixar Deus em nossas agendas, pois somos nós que devemos encaixar as nossas agendas em Deus.

Joyce Meyer

Sempre tenho o SENHOR diante de mim. Com ele
à minha direita, não serei abalado.

Salmos 16.8

Ó Deus, tu és o meu Deus, eu te busco intensamente; a minha alma tem sede de ti! Todo o meu ser anseia por ti, numa terra seca, exausta e sem água.

Salmos 63.1

*Você está fraca? Cansada? Confusa? Perturbada?
Pressionada? Como está o seu relacionamento com Deus?
Ele é uma prioridade em sua vida? Acredito que quanto
maior a pressão que estamos sofrendo, maior o
tempo que devemos passar com ele.*

Kay Arthur

A vida não se trata de sobreviver às tempestades;
trata-se de aprender a dançar na chuva.

Mesmo não florescendo a figueira, não havendo uvas nas videiras; mesmo falhando a safra de azeitonas, não havendo produção de alimento nas lavouras, nem ovelhas no curral nem bois nos estábulos, ainda assim eu exultarei no SENHOR e me alegrarei no Deus da minha salvação.

Habacuque 3.17-18

A bênção do SENHOR traz riqueza e não inclui dor alguma.

Provérbios 10.22

A fé é o que torna a vida suportável com todas as suas tragédias, ambiguidades e alegrias repentinas e surpreendentes.

Madeleine L'Engle

*Mesmo não o tendo visto, vocês o amam; e apesar de não o verem agora, creem nele
e exultam com alegria indizível e gloriosa, pois vocês estão alcançando
o alvo da sua fé, a salvação das suas almas.*

1Pedro 1.8-9

*Confie no SENHOR e faça o bem; assim você
habitará na terra e desfrutará segurança.*

Salmos 37.3

A alegria cujas raízes estão fincadas no Espírito Santo é eterna e sem fim.
A alegria verdadeira surge no coração do cristão porque ela brota
da certeza de que Deus nos ama e deseja o melhor para nós.

Dannah Gresh

Não se entristeçam, porque a alegria do SENHOR os fortalecerá.

Neemias 8.10

Tudo o que fizerem, seja em palavra ou em ação, façam-no em nome do Senhor Jesus, dando por meio dele graças a Deus Pai.

Colossenses 3.17

Uma mulher com o coração confiante escolhe acreditar que Deus deseja impactar o mundo por meio de sua vida, e ela procura maneiras para permitir que isso aconteça.

Renee Swope

Os que olham para ele estão radiantes de alegria; seus rostos jamais mostrarão decepção.

Salmos 34.5

Finalmente, fortaleçam-se no Senhor e no seu forte poder.

Efésios 6,10

This Book was first published in the United States by Worth Publishing, One Franklin Park, 6100 Tower Circle, Suite 210, Franklin, TN 37067, with the title She is clothing with strengh and dignity by Ellie Claire copyright@2015

Editor responsável
Marcos Simas

Supervisão editorial
Maria Fernanda Vigon

Tradução
Julia Ramalho

Preparação de texto
Roberto Barbosa

Adaptação de capa
Well Carvalho

Diagramação
PSimas

Revisão
João Rodrigues Ferreira
Carlos Buczynski
Nataniel dos Santos Gomes
Patricia Abbud Bussamra

Todas as citações bíblicas foram extraídas da NVI, Nova Versão Internacional, da Sociedade Bíblica Internacional. Copyright © 2001, salvo indicação em contrário.

Esta obra foi impressa no Brasil com a qualidade de impressão e acabamento da Geográfica Serviços Gráficos

Printed in Brazil

C585e   Claire, Ellie
        Ela está vestida de força e dignidade / Ellie Claire. Traduzido por Julia Ramalho. – Santo André: Geográfica, 2018.

        160p. ; 16x21cm.
        ISBN 978-85-8064-238-4
        Título original: She is clothed with strength and dignity journal.

        1. Livro de meditações. 2. Diário. 3. Livro de orações. 4. Deus. I. Título. II. Ramalho, Julia.

                        CDU 242+243

Catalogação na publicação: Leandro Augusto dos Santos Lima – CRB 10/1273